Pour:- Linda
De la part de:- Johann
37 ANS

Autres livres de la petite collection "Les livres-à-aimer"

Lettre à une maman extraordinaire
Lettre à un papa extraordinaire
Pour une grand-mère extraordinaire
Pour une fille extraordinaire
Pour une petite-fille extraordinaire
Pour un fils extraordinaire
A toi que j'aime
A l'homme que j'aime
A la femme que j'aime
Joyeux Noël
Bonjour Bébé

Un livre de Helen Exley
Illustré par Juliette Clarke
Adapté en français par Bernadette THOMAS
Mise en page par 24 heures de pointe
Imprimé sur les presses de Kossuth Printing House Co. Hungary

13, rue de Genval B-1301 Bierges
Tél. : 322 +652.18.34
5, rue du Louvre F-75001 Paris

Exley Publications Ltd
16, Chalkhill, Watford, Herts , WD1 4BN,
United Kingdom

isbn 2-87388-036-8
Dépôt légal D/7003/1995/8

A MON COTE

Ne marche pas devant moi,
je pourrais ne pas suivre.
Ne marche pas derrière moi,
je pourrais ne pas conduire
Marche à côté de moi,
et soit simplement mon ami

d'après ALBERT CAMUS (1913-1960)

...

"Les amis sont comme des sources"
dit un proverbe arabe.
Sources d'expériences, d'émotions,
de culture, sources de sensibilité et
de savoir, on s'y abreuve,
on s'y enrichit, on nourrit
avec elles ses propres
jugements,
sa pensée, son coeur.

...

QU'EST-CE QU'UN AMI ?

Un ami c'est quelqu'un avec qui vous osez
être vous-même.

PAM BROWN

. . .

Le sort fait les parents,
le choix fait les amis.

J. DELILLE (1738-1813)

...

Une amie ne se met pas au régime
parce que vous êtes grosse.
Une amie ne prend pas la défense d'un mari
qui offre à sa femme, pour son anniversaire,
une belle casserole.
Une amie vous dira qu'elle a vu votre ancien
copain et qu'il est vicaire en banlieue.

ERMA BOMBECK

...

Celui qui aime l'autre,
l'accepte au point de départ, tel qu'il est, et
- sans condition - tel qu'il sera.

MICHEL QUOIST

...

Chacun se dit ami, mais fou qui s'y repose :
rien n'est plus commun que ce nom;
rien n'est plus rare que la chose.

JEAN DE LA FONTAINE (1621-1695)

...

LE RECONFORT DES PETITES CHOSES

Ah le réconfort, l'inexprimable réconfort
de se sentir bien avec quelqu'un,
sans avoir à peser ses pensées ni à mesurer
ses paroles, mais simplement
à les laisser se déverser toutes seules;
telles qu'elles sont, taquines ou consolantes,
sachant bien qu'une main fidèle les recevra et
les triera, gardant ce qui en vaut la peine et,
dans un souffle de tendresse, rejetant le reste.

GEORGES ELIOT (1819-1880)

...

Et les gens vivent,
non parce qu'ils prennent grand soin d'eux,
mais grâce à l'amour que leur portent
les autres.

LÉON TOLSTOY (1828-1910)

...

Le bonheur dans la vie est fait de ces multiples
petites attentions de quelques secondes :
ce rapide baiser inattendu, ce sourire à peine
esquissé, ce regard affectueux,
cette parole qui vient du coeur.

SAMUEL TAYLOR COLERIDGE (1772-1834)

...

Un ami... traverse la rue en courant
pour vous apporter des petits gâteaux
justes sortis du four.
Un ami... vient vous chercher pour vous
montrer les petits châtons qui viennent de naître.
Un ami... garde des coupures de presse pour vous.
Un ami... dépose des sacs de pommes sur votre seuil.
Un ami... nourrit votre canari.
Un ami...
c'est quelqu'un d'absolument indispensable.

JULIE GAUDET

...

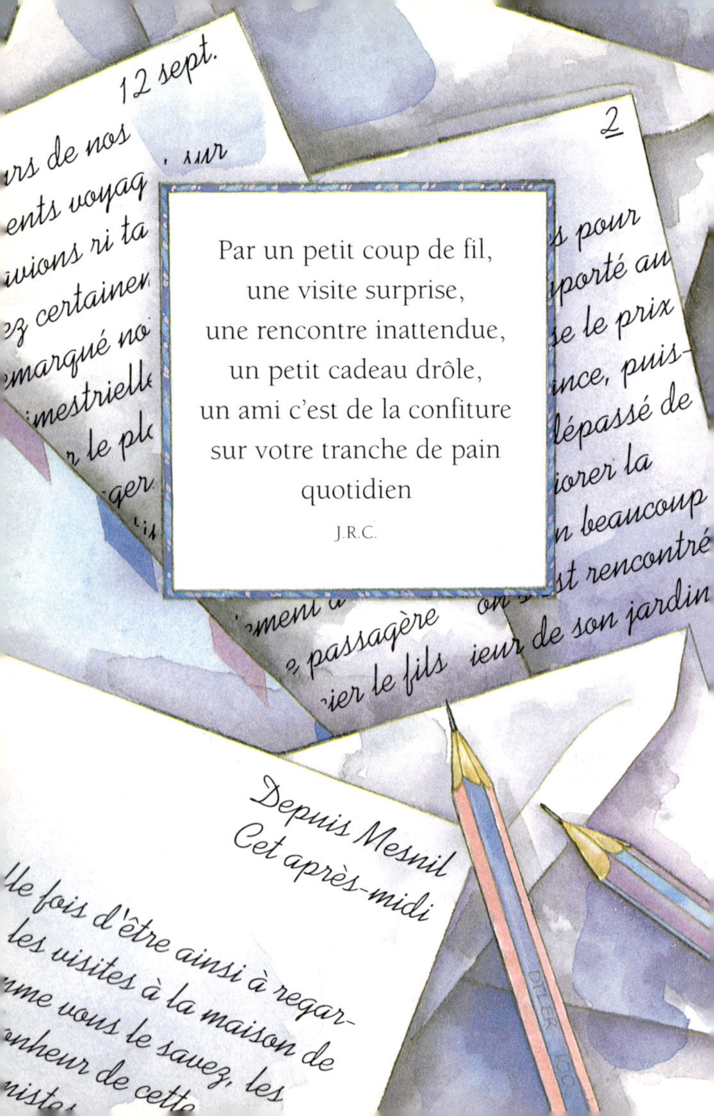

Par un petit coup de fil,
une visite surprise,
une rencontre inattendue,
un petit cadeau drôle,
un ami c'est de la confiture
sur votre tranche de pain
quotidien

J.R.C.

L'AMITIE C'EST…

L'amitié c'est accepter chez les autres
ce que l'on ne tolère pas chez soi.

E. BEAUMONT

…

Le propre de l'amitié (et le contraire de l'amour),
c'est de ne jamais traverser de crises.
Tout se passe dans une tranquillité chaleureuse,
une absence ingénue de jalousie,
un esprit de dévouement naturel et spontané.

J. DUTOURD

…

L'amitié, dit-il, ce n'est pas d'être avec ses amis
quand ils ont raison, c'est d'être avec eux
même quand ils ont tort.

ANDRÉ MALRAUX (1901-1976)

…

Les vieux amis sont comme les vieux vins qui,
en perdant de leur verdeur et de leur montant,
gagnent en chaleur suave.

SAINTE BEUVE (1804-1869)

…

PAS BESOIN DE PARLER

Le véritable ami est celui à qui l'on n'a rien à dire.
Il contente à la fois notre sauvagerie et
notre besoin de sociabilité.

TRISTAN BERNARD (1866-1947)

...

J'ai toujours trouvé que le grand privilège de l'amité,
son réconfort et son bien être,
était qu'on n'avait pas besoin d'expliquer.

CATHERINE MANSFIELD (1888-1923)

...

Quand arrivait le moment
où l'on pouvait faire le trajet sans parler,
chacun plongé dans ses pensées,
c'est qu'on était vraiment devenus amis.
Tant qu'on ne l'est pas, on est poli,
on se croit obligé d'entretenir la conversation.
C'est quand on n'a plus besoin de l'entretenir,
je veux dire de façon vulgaire,
que l'amitié vient.

FRANÇOIS MITTERAND

...

Un ami, c'est celui qui devine toujours
quand on a besoin de lui.

JULES RENARD (1864-1910)

...

Heureux deux amis qui s'entendent assez
pour pouvoir se taire ensemble.

CHATEAUBRIAND (1768-1848)

...

Le meilleur moyen d'avoir un ami,
c'est d'être un ami soi-même

RALPH WALDO EMERSON (1830-1882)

...

C'EST LUI ET PAS UN AUTRE

Si on me presse de dire pourquoi je l'aimais,
je sens que cela ne peut s'exprimer qu'en répondant :
"parce que c'était lui, parce que c'était moi".

MONTAIGNE (1533-1592)

...

Avant tout, en amitié, il y a toujours
cet état indéfinissable et délicieux
que l'on pourrait nommer
"se sentir à l'aise avec quelqu'un".
Seul cet homme-là ou cette femme-là
parmi des centaines vous intéresse,
rencontre vos pensées, vos goûts.

JULIA DUPRING

...

Deux étions et n'avions qu'un seul coeur.

FRANÇOIS VILLON (1431-1465)

...

Alors, peu à peu,
au milieu de la foule de nos copains,
nous repérons une amie,
elle est particulièrement heureuse d'être
avec nous et en fait, nous avons plein de choses
à raconter. Ce n'est pas une première de classe,
elle n'est pas spécialement bien vue par les autres;
elle ne porte pas de vêtements extraordinaires...
mais en rentrant à la maison avec elle,
nous constatons que nous avons les mêmes
chaussures... solides et simples, pas voyantes ou
délicates comme celles de nos autres copines.

NATHALIE GAINSBOURG

...

La douce chose que de couler ses jours dans le sein
d'une tranquille amitié, à l'abri des orages
des passions impétueuses.

L'ENCYCLOPÉDIE (18E SIECLE)

...

RESTE TOI-MEME

Je ne t'aime pas seulement pour ce que tu es,
mais pour ce que je suis quand je suis avec toi.

Je ne t'aime pas seulement pour ce que tu es devenu
mais aussi pour ce que tu as fait de moi.

Je t'aime parce que tu m'as rendu meilleur
que ne l'aurait fait aucun credo et plus heureux
qu'aucun destin n'aurait pu le faire.

Tu l'as fait sans avoir l'air d'y toucher,
sans un mot, sans un geste.

Tu l'as fait en restant toi-même.
C'est probablement cela, après tout,
l'amitié.

AUTEUR INCONNU

...

Un des plus grands bonheurs de cette vie,
c'est l'amitié;
et l'un des bonheurs de l'amitié,
c'est d'avoir à qui confier un secret.

ALESSANDRO MANZONI (1785-1873)

. . .

Rends légère la barque de la vie et munis-la
des seules choses dont tu aies besoin :
un intérieur et des plaisirs simples,
un ou deux amis dignes de ce nom,
quelqu'un qui t'aime
et que tu aimes.

JÉROME K. JÉROME (1859-1927)

. . .

C'est souvent l'amitié qui fait naître ,
qui nourrit et entretient
les plus beaux
sentiments de générosité
dont le coeur humain est capable.

BOCCACE (1313-1375)

. . .

L'amitié n'est pas quelque chose d'indispensable
comme la philosophie, l'art…
Ce n'est pas une valeur de survie,
elle fait plutôt partie de ces choses
qui donnent de la valeur à la survie.

C. LEWIS (1898-1963)

…

L'amour, c'est du caviar, un gâteau de mariage,
les fraises à la crème. L'amour, c'est du champagne.
L'amitié c'est du pain frais, du beurre frais,
du fromage de ferme et une théière pour deux.
Bien sûr, dans la vie on a besoin des deux,
mais l'amitié est plus facile à digérer.

PAM BROWN

…

En amitié, les âmes se mêlent et se confondent
l'une et l'autre d'un mélange si universel qu'elles
effacent et ne retrouvent plus la couture
qui les a jointes.

MONTAIGNE (1533-1592)

…

MERCI

Si je prononçais un discours
solennel en ton honneur
pour te dire ma gratitude,
mon affection profonde et
tout le bonheur que notre amitié
m'a apporté, tu rougirais et
essayerais d'y échapper.
Aussi ne le ferai-je pas.
Mais accepte ce qui précède.

MARION GARRETTY

...

Ne savez-vous pas que l'amitié
n'a point d'autre moisson que
l'amitié et que tout ce qu'elle sème,
c'est seulement
pour en recueillir le fruit.

H. D'URFÉ (1567-1625)

...

L'amitié d'un grand homme
est un bienfait des dieux.

VOLTAIRE (1694-1778)

...

Que l'on soit en difficulté
ou en danger,
il assiste, soulage et délivre.
Un tel homme est, vraiment,
un ami véritable et distingué.

FO-OPEN-HING-TSIH-KING

...

Nous ne nous sommes jamais dit
combien nous tenions
l'un à l'autre mais je me souviens
que c'est devenu une évidence
pour moi ce jour de grand vent
alors que nous luttions
contre les éléments déchaînés :
brusquement et simultanément
sur nos deux visages et en nous éclata
un sourire lumineux...
sans autre raison que le bonheur
d'être deux à affronter la tempête.

B. MOLS

...

Aussi longtemps que la poste et le téléphone existeront
et que nous partagerons nos joies et nos peines,
nous serons amis. Toujours.

MARION GARRETTY

...

Je cause en vous écrivant, comme si j'étais
auprès de vous, un bras passé sur le dos de votre fauteuil
et que je vous parlasse. Je vous dis sans ordre,
sans réflexion, sans suite tout ce qui passe dans l'espace
que je remplis et hors de cet espace.

DIDEROT (1713-1784)

...

LOIN L'UN DE L'AUTRE

Dans la solitude, la maladie, la tristesse,
une simple pensée vers un ami
permet d'endurer la souffrance,
même si l'ami ne peut rien pour vous.
Qu'il existe est suffisant.
L'amitié ne diminue pas
à cause de l'éloignement
ou du temps qui passe,
ni à cause de la guerre
ou de l'emprisonnement,
de la peur ou du silence.
Au contraire, elle s'y enracine
et peut même y fleurir.

PAM BROWN

. . .

Ici à la frontière, les feuilles tombent.
Bien que je sois entourée de barbares,
Et que toi, tu sois à mille lis de moi,
Il y a toujours deux bols sur ma table.

DYNASTIE T'ANG (618-906 AV. J-C)

. . .

Il n'y a rien qui vaille
le bonheur de gagner
à part le rire et
l'amour d'amis.

HILAIRE BELLOC (1870-1953)

...

Mille amis,
c'est peu,
un ennemi,
c'est beaucoup.

PROVERBE TURC

...

Toutes les grandeurs
de ce monde
ne valent pas
un bon ami.

VOLTAIRE (1694-1778)

...

QUELQUES CITATIONS

“Reste” est un mot charmant
dans le vocabulaire d’un ami.

LOUISA MAY ALCOTT (1832-1888)

...

Un ami c’est un être qui ne doute jamais de vous,
c’est un coeur large qui oublie et pardonne.
C’est quelqu’un qui se compromet pour vous servir.

H. DIDON

...

Amitié qui peut se finir ne fut jamais commencée.

MELLIN DE SAINT GELAIS (1491-1558)

...

C’est dans l’adversité que se révèlent les vrais amis.

QUINTUS ENNIUS (239-169 AVT JC)

...

Faites-vous des amis prompts à vous censurer.

NICOLAS BOILEAU (1636-1711)

...

Si tu partages la souffrance d’un ami,
il souffrira moins et toi tu ne souffriras pas davantage.

PROVERBE CHINOIS

...

LA JOIE ET LA PEINE

Si tu cherches la clé de
tes aspirations profondes,
si tu veux comprendre
ce qui t'est difficile,
amène-toi chez nous.
Je t'ouvrirai les bras.
Je n'ai pas la solution,
mais à deux nous chercherons.
Nous trouverons la joie.
Et peut-être Celui qui
est le début et la fin
de toutes choses.
Amène-toi chez nous.

CAROLINE RAMUZ

...

La plénitude de l'amour du
prochain c'est simplement être
capable de lui demander :
“quel est ton tourment ?”

SIMONE WEIL

...

Ce sont les amis que vous pouvez appeler
à 4 heures du matin qui importent.

MARLENE DIETRICH

...

L'amitié, c'est une chaleur générale et universelle,
tempérée au demeurant et égale. Une chaleur constante
et rassise, toute douceur et polissure,
qui n'a rien d'âpre et de poignant.

MONTAIGNE (1533-1592)

...

Dans la mesure où une amitié est désintéressée, dans
la même mesure on est payé, car la joie que l'on goûte
à rendre heureux son ami fait goûter la paix du coeur.

J. GAUMER

...

LUI - J'ai envie de votre amitié.
ELLE - C'est exiger plus que l'amour.
LUI - Peut-être...

JEANNE CRESSANGE

...

Quand un ami demande, il n'y a pas de demain.

GEORGES HERBERT (1593-1633)

...

LE PARTAGE

L'amitié partagée illumine le bonheur et
partage le malheur.

CICÉRON (106-43 AVT JC)

...

Le plus grand bien qui soit en amitié,
Après le don d'amoureuse pitié,
Est s'entr'écrire, ou se dire de bouche
Soit bien, soit deuil, tout ce qui au coeur touche.
Car, si c'est deuil, on s'entre-réconforte;
Et, si c'est bien, chacun sa part emporte.

CLÉMENT MAROT (1496-1544)

...

Un ami viendra avec des oranges
quand vous avez la grippe, le roman policier
que vous vouliez lire et une brassée de fleurs.
Il met les fleurs dans un vase, vous prépare
une boisson chaude, fait la vaisselle et s'en va.

PAM BROWN

...

Ce sont mes amis qui ont fait
la trame de mon existence.
De mille façons, ils ont transformé mes limites
n de merveilleux privilèges et m'ont permis d'aller,
sereine et heureuse dans mon parcours
pourtant assombri par les privations.

HÉLENE KELLER

...

Le bonheur d'un ami nous enchante.
Il nous ajoute. Il n'ôte rien.
Si l'amitié s'en offense, elle n'est pas.

JEAN COCTEAU (1889-1963)

...

Seules les vraies amitiés restent aussi libres que
nécessaires. Ceux qu'elles rapprochent n'ont pas,
entre eux de contrat ni d'engagement, et
ils pourraient se quitter à chaque instant,
s'ils n'étaient pas destinés à rester toujours
ensemble.

ABEL BONNARD

...